notas

Publicações
Pão Diário

O Senhor Soberano
é minha força!
Ele torna meus pés firmes
como os da corça,
para que eu possa andar
em lugares altos.

HABACUQUE 3:19

Nós te agradecemos, Senhor Deus, o Todo-poderoso que és e que eras, pois agora assumiste teu grande poder e começaste a reinar.
APOCALIPSE 11:17

___/___/___

Ele é o Deus que fez o mundo e tudo que nele há. [...] Ele mesmo dá vida e fôlego a tudo, e supre cada necessidade. ATOS 17:24-25

___/___/___

Deem graças ao Senhor e proclamem seu nome, anunciem entre os povos o que ele tem feito. 1 CRÔNICAS 16:8

___/___/___

O caminho de Deus é perfeito: as promessas do S<small>ENHOR</small> sempre se cumprem; ele é escudo para todos que nele se refugiam.
2 SAMUEL 22:31

___/___/___

Se vocês são sábios e inteligentes, demonstrem isso vivendo honradamente, realizando boas obras com a humildade que vem da sabedoria. TIAGO 3:13

___/___/___

A vontade de Deus é que vocês vivam em santidade; por isso mantenham-se afastados de todo pecado sexual.
1 TESSALONICENSES 4:3

___/___/___

Mas como são felizes os que Deus corrige! Não despreze, portanto, a disciplina do Todo-poderoso. JÓ 5:17

___ /___ /___

Agradeço àquele que me deu forças, Cristo Jesus, nosso Senhor...
1 TIMÓTEO 1:12

___/___/___

O amor do SENHOR não tem fim! Suas misericórdias são inesgotáveis. LAMENTAÇÕES 3:22

___/___/___

E este mundo passa, e com ele tudo que as pessoas tanto desejam. Mas quem faz o que agrada a Deus vive para sempre. 1 JOÃO 2:17

___/___/___

O próprio Senhor *lutará por vocês. Fiquem calmos!*
ÊXODO 14:14

Todo louvor seja a Deus, o Pai de nosso Senhor Jesus Cristo, que nos abençoou em Cristo com todas as bênçãos espirituais nos domínios celestiais. EFÉSIOS 1:3

___/___/___

Deus é meu escudo; ele salva os de coração íntegro.
SALMO 7:10

___/___/___

De sua plenitude todos nós recebemos graça sobre graça.
JOÃO 1:16

Sejam fortes, todos vocês [...]! Mãos à obra, pois eu estou com vocês, diz o Senhor dos Exércitos. AGEU 2:4

___/___/___

Ó Senhor, o Deus de Israel, não há Deus como tu em cima, nos céus, nem embaixo, na terra. Tu guardas a tua aliança e mostras amor leal àqueles que andam diante de ti de todo o coração.
1 REIS 8:23

__/__/__

Darei graças ao S̲e̲n̲h̲o̲r̲ *porque ele é justo; cantarei louvores ao nome do* S̲e̲n̲h̲o̲r̲ *Altíssimo.* SALMO 7:17

___/___/___

Toda a glória para sempre ao Deus único e sábio, por meio de Jesus Cristo. Amém. ROMANOS 16:27

___/___/___

Sejam gratos em todas as circunstâncias, pois essa é a vontade de Deus para vocês em Cristo Jesus. 1 TESSALONICENSES 5:18

___/___/___

Pois o S̲e̲n̲h̲o̲r̲ concede sabedoria; de sua boca vêm conhecimento e entendimento. PROVÉRBIOS 2:6

___/___/___

Graças te damos, ó Deus! Graças te damos porque estás próximo; em toda parte se fala de tuas maravilhas. SALMO 75:1

___/___/___

Mas quem pratica a verdade se aproxima da luz, para que outros vejam que ele faz a vontade de Deus. JOÃO 3:21

__/__/__

Considere o SENHOR dos Exércitos santo em sua vida; é a ele que você deve temer. ISAÍAS 8:13

___/___/___

A bênção do Senhor traz riqueza, e ele não permite que a tristeza a acompanhe. PROVÉRBIOS 10:22

___/___/___

Deus escolheu as coisas que o mundo considera loucura para envergonhar os sábios, assim como escolheu as coisas fracas para envergonhar os poderosos. 1 CORÍNTIOS 1:27

___/___/___

Ninguém é santo como o S<small>ENHOR</small>; não há outro além de ti, não há Rocha como o nosso Deus! 1 SAMUEL 2:2

Uma pessoa não vive só de pão, mas de toda palavra que vem da boca de Deus. MATEUS 4:4

___/___/___

Vejam, Deus veio me salvar; confiarei nele e não terei medo. O SENHOR Deus é minha força e meu cântico; ele me deu vitória.
ISAÍAS 12:2

Mas a sabedoria que vem do alto é, antes de tudo, pura. Também é pacífica, sempre amável e disposta a ceder a outros. TIAGO 3:17

___/___/___

Mas graças a Deus, que, em Cristo, sempre nos conduz triunfantemente. 2 CORÍNTIOS 2:14

Existe alguma coisa difícil demais para o SENHOR?
GÊNESIS 18:14

___/___/___

Mesmo assim me alegrarei no Senhor; exultarei no Deus de minha salvação! HABACUQUE 3:18

___/___/___

...estarei com você e o protegerei. Eu, o Senhor, falei!
JEREMIAS 1:8

___/___/___

O Senhor é minha rocha, minha fortaleza e meu libertador; meu Deus é meu rochedo, em quem encontro proteção. SALMO 18:2

___/___/___

Lembrem-se de que é melhor sofrer por fazer o bem, se for da vontade de Deus, do que por fazer o mal. 1 PEDRO 3:17

___/___/___

Deus é minha fortaleza inabalável e remove os obstáculos de meu caminho. 2 SAMUEL 22:33

___/___/___

Pois hoje eu o fortaleci como uma cidade fortificada, como uma coluna de ferro ou muro de bronze. JEREMIAS 1:18

___/___/___

Quero que todos saibam dos sinais e das maravilhas que o Deus Altíssimo realizou em meu favor. DANIEL 4:2

___/___/___

"*Meus pensamentos são muito diferentes dos seus*", diz o Senhor, "*e meus caminhos vão muito além de seus caminhos.*" ISAÍAS 55:8

___/___/___

Em primeiro lugar, recomendo que sejam feitas petições, orações, intercessões e ações de graça em favor de todos... 1 TIMÓTEO 2:1

___/___/___

Deus estende o céu do norte sobre o vazio e suspende a terra sobre o nada. JÓ 26:7

___/___/___

Pois quem conhece os pensamentos de uma pessoa, senão o próprio espírito dela? Da mesma forma, ninguém conhece os pensamentos de Deus, senão o Espírito de Deus. 1 CORÍNTIOS 2:11

___/___/___

Deus concede sabedoria, conhecimento e alegria àqueles que lhe agradam. ECLESIASTES 2:26

___/___/___

Feliz é quem confia no S㎜, cuja esperança é o S㎜.
JEREMIAS 17:7

Porque tudo que Deus fez é bom, não devemos rejeitar nada, mas a tudo receber com ação de graças... 1 TIMÓTEO 4:4

___/___/___

Minha alma exalta ao Senhor! Como meu espírito se alegra em Deus, meu Salvador! LUCAS 1:46-47

...Tudo que temos vem de ti, e demos apenas o que primeiro de ti recebemos! 1 CRÔNICAS 29:14

___/___/___

Eu sou o Senhor e não mudo. MALAQUIAS 3:6

Generosamente, derramou sua graça sobre nós e, com ela, toda sabedoria e todo entendimento. EFÉSIOS 1:8

___/___/___

Considero que nosso sofrimento de agora não é nada comparado com a glória que ele nos revelará mais tarde. ROMANOS 8:18

__/__/__

Se o Senhor não constrói a casa, o trabalho dos construtores é vão. Se o Senhor não protege a cidade, de nada adianta guardá-la com sentinelas. SALMO 127:1

___/___/___

Pois o S{\sc enhor}, seu Deus, está em seu meio; ele é um Salvador poderoso. Ele se agradará de vocês com exultação e acalmará todos os seus medos com amor... SOFONIAS 3:17

___ / ___ / ___

O que vocês têm que Deus não lhes tenha dado? E, se tudo que temos vem de Deus, por que nos orgulharmos como se não fosse uma dádiva? 1 CORÍNTIOS 4:7

___/___/___

Pois o S%%%%%%%% é Deus fiel; felizes os que nele esperam.
ISAÍAS 30:18

Senhor, não há ninguém semelhante a ti! Tu és grande, e teu nome é poderoso. JEREMIAS 10:6

___/___/___

Não que nos consideremos capazes de fazer qualquer coisa por conta própria; nossa capacitação vem de Deus. 2 CORÍNTIOS 3:5

___/___/___

A voz de Deus é gloriosa no trovão; é impossível imaginar a grandeza de seu poder! JÓ 37:5

___/___/___

*É da natureza humana fazer planos, mas é o S*ENHOR *quem dirige nossos passos.* PROVÉRBIOS 16:9

___/___/___

O Senhor está comigo, portanto não temerei; o que me podem fazer os simples mortais? SALMO 118:6

___/___/___

Pois "do Senhor é a terra e tudo que nela há".
1 CORÍNTIOS 10:26

Ajuda-nos contra nossos inimigos, pois todo socorro humano é inútil. SALMO 60:11

__/__/__

Feliz é aquele que suporta com paciência as provações e tentações, porque depois receberá a coroa da vida que Deus prometeu àqueles que o amam. TIAGO 1:12

___/___/___

É da natureza humana fazer planos, mas o propósito do Senhor prevalecerá. PROVÉRBIOS 19:21

___/___/___

Façam o bem e fujam do mal, para que tenham vida! Então o S<small>ENHOR</small>, *o Deus dos Exércitos, os ajudará...* AMÓS 5:14

___/___/___

Também nos alegramos ao enfrentar dificuldades e provações, pois sabemos que contribuem para desenvolvermos perseverança...
ROMANOS 5:3

___/___/___

Como dizem as Escrituras: "Quem quiser orgulhar-se, orgulhe-se somente no Senhor". 2 CORÍNTIOS 10:17

___/___/___

Nosso Sumo Sacerdote entende nossas fraquezas, pois enfrentou as mesmas tentações que nós, mas nunca pecou. HEBREUS 4:15

___/___/___

Busquem o Senhor *e sua força, busquem sua presença todo o tempo.* 1 CRÔNICAS 16:11

___/___/___

Que o próprio Jesus Cristo, nosso Senhor, e Deus, nosso Pai, [...] os animem e os fortaleçam em tudo de bom que vocês fizerem e disserem. 2 TESSALONICENSES 2:16-17

___/___/___

Toda a glória seja a Deus que, por seu grandioso poder que atua em nós, é capaz de realizar infinitamente mais do que poderíamos pedir ou imaginar. EFÉSIOS 3:20

___/___/___

Comparados a [Deus], os habitantes da terra são como nada.[...] Ninguém pode detê-lo nem lhe dizer: "Por que fazes essas coisas?"
DANIEL 4:35

___/___/___

Vocês precisam perseverar, a fim de que, depois de terem feito a vontade de Deus, recebam tudo que ele lhes prometeu.
HEBREUS 10:36

___/___/___

Tenham cuidado para que, em meio à fartura, não se esqueçam do Senhor, *seu Deus...* DEUTERONÔMIO 8:11

___/___/___

Agora nós mesmos somos como vasos frágeis de barro que contêm esse grande tesouro. Assim, fica evidente que esse grande poder vem de Deus, e não de nós. 2 CORÍNTIOS 4:7

___/___/___

...e sempre deem graças ao Pai. Ele os capacitou para participarem da herança que pertence ao seu povo santo, aqueles que vivem na luz. COLOSSENSES 1:12

___/___/___

O Senhor dos Exércitos falou; quem pode mudar seus planos? Quando levanta sua mão, quem pode detê-la? ISAÍAS 14:27

___/___/___

O temor do Senhor é a verdadeira sabedoria; afastar-se do mal é o verdadeiro entendimento. JÓ 28:28

___/___/___

Trabalhamos arduamente e continuamos a lutar porque nossa esperança está no Deus vivo, o Salvador de todos, especialmente dos que creem. 1 TIMÓTEO 4:10

___/___/___

Voltem para o Senhor, *seu Deus, pois ele é misericordioso e compassivo, lento para se irar e cheio de amor; está sempre pronto a voltar atrás e não castigar.* JOEL 2:13

___/___/___

Peçam, e receberão. Procurem, e encontrarão. Batam, e a porta lhes será aberta. MATEUS 7:7

Não se deixem enganar pelos que dizem essas coisas, pois "as más companhias corrompem o bom caráter". 1 CORÍNTIOS 15:33

___/___/___

Eu, porém, confio em teu amor; por teu livramento me alegrarei. SALMO 13:5

___/___/___

Uma vez que pertencemos ao dia, vivamos com decência, à vista de todos... ROMANOS 13:13

___/___/___

Temer as pessoas é uma armadilha perigosa, mas quem confia no Senhor *está seguro.* PROVÉRBIOS 29:25

__/__/__

A quem vocês podem comparar Deus? Que imagem usarão para representá-lo? ISAÍAS 40:18

___/___/___

Lutarão contra você como um exército, mas o tornarei invencível como uma muralha de bronze. Não o vencerão, pois estou com você para protegê-lo e livrá-lo. Eu, o SENHOR, falei! JEREMIAS 15:20

___/___/___

Você tem o dom de falar? Então faça-o de acordo com as palavras de Deus. Tem o dom de ajudar? Faça-o com a força que Deus lhe dá. Assim, tudo que você realizar trará glória a Deus por meio de Jesus Cristo. 1 PEDRO 4:11

___ /___ /___

Pois o Senhor é nosso juiz, nosso comandante e nosso rei; ele nos livrará. ISAÍAS 33:22

___/___/___

Quando estávamos completamente desamparados, Cristo veio na hora certa e morreu por nós, pecadores. ROMANOS 5:6

___/___/___

Os que confiam no Senhor *são como o monte Sião; não serão abalados, mas permanecerão para sempre.* SALMO 125:1

___/___/___

*Sei que o S*ENHOR *está sempre comigo; não serei abalado, pois ele está à minha direita.* SALMO 16:8

__/__/__

Mas, apesar de tudo isso, somos mais que vencedores por meio daquele que nos amou. ROMANOS 8:37

___/___/___

...aprendi a ficar satisfeito com o que tenho.
FILIPENSES 4:11

___/___/___

Pois todos os reis da terra pertencem a Deus; ele é grandemente exaltado em toda parte. SALMO 47:9

___/___/___

...sejam fortes e firmes. Trabalhem sempre para o Senhor com entusiasmo, pois vocês sabem que nada do que fazem para o Senhor é inútil. 1 CORÍNTIOS 15:58

___/___/___

Digno é o Cordeiro que foi sacrificado de receber poder e riqueza, sabedoria e força, honra, glória e louvor! APOCALIPSE 5:12

___/___/___

Por isso, nunca desistimos. Ainda que nosso exterior esteja morrendo, nosso interior está sendo renovado a cada dia.
2 CORÍNTIOS 4:16

___/___/___

Esperei com paciência pelo Senhor; *ele se voltou para mim e ouviu meu clamor.* SALMO 40:1

___/___/___

Ele livrará o pobre que clamar por socorro e ajudará o oprimido indefeso. SALMO 72:12

___/___/___

Eu, o Senhor, o chamei para mostrar minha justiça; eu o tomarei pela mão e o protegerei. ISAÍAS 42:6

___/___/___

Pois nele vivemos, nos movemos e existimos.
ATOS 17:28

___/___/___

Grande é o Senhor! Digno de muito louvor! Ele é mais temível que todos os deuses. 1 CRÔNICAS 16:25

___/___/___

Estamos certos de que ele nos ouve sempre que lhe pedimos algo conforme sua vontade. 1 JOÃO 5:14

___/___/___

Nós amamos porque ele nos amou primeiro.
1 JOÃO 4:19

...peço que Deus, o Pai glorioso de nosso Senhor Jesus Cristo, lhes dê sabedoria espiritual e entendimento para que cresçam no conhecimento dele. EFÉSIOS 1:17

___/___/___

...*louvo, glorifico e honro o Rei dos céus. Todos os seus atos são justos e verdadeiros, e ele tem poder para humilhar os orgulhosos.*
DANIEL 4:37

___/___/___

> *Somente a ele pertence a imortalidade, e ele habita em luz tão resplandecente que nenhum ser humano pode se aproximar dele. [...] A ele sejam honra e poder para sempre! Amém.*
> 1 TIMÓTEO 6:16

__/__/__

Por meio [de Cristo Jesus] Deus os enriqueceu em tudo, em toda capacidade de expressão e em todo entendimento.
1 CORÍNTIOS 1:5

___/___/___

Pois eu o seguro pela mão direita, eu, o SENHOR, *seu Deus, e lhe digo: "Não tenha medo, estou aqui para ajudá-lo."* ISAÍAS 41:13

___/___/___

Deus é muito poderoso; quem é mestre como ele?
JÓ 36:22

___/___/___

Não deixem que seu coração fique aflito. Creiam em Deus; creiam também em mim. JOÃO 14:1

___/___/___

Digo a mim mesmo: "O SENHOR é minha porção; por isso, esperarei nele!" JEREMIAS 3:24

__/__/__

Onde seu tesouro estiver, ali também estará seu coração.
MATEUS 6:21

___/___/___

Que outro Deus há semelhante a ti, que perdoas a culpa...
MIQUEIAS 7:18

___/___/___

Não diga: "Vou me vingar deste mal"; espere o SENHOR resolver a questão. PROVÉRBIOS 20:22

___/___/___

Amem as pessoas sem fingimento. Odeiem tudo que é mau. Apeguem-se firmemente ao que é bom. ROMANOS 12:9

___/___/___

Deus me reveste de força e remove os obstáculos de meu caminho.
SALMO 18:32

___/___/___

Transformaste meu pranto em dança; [...] Senhor, *meu Deus, te darei graças para sempre!* SALMO 30:11-12

__/__/__

Pois a "loucura" de Deus é mais sábia que a sabedoria humana, e a "fraqueza" de Deus é mais forte que a força humana.
1 CORÍNTIOS 1:25

__/__/__

Exultem no SENHOR, seu Deus! Pois ele envia as chuvas na medida certa... JOEL 2:23

Permaneçam em mim, e eu permanecerei em vocês...
JOÃO 15:4

___/___/___

Quem entre os deuses é semelhante a ti, ó Senhor, *glorioso em santidade, temível em esplendor, autor de grandes maravilhas?*
ÊXODO 15:11

___/___/___

Ó SENHOR, honrarei e louvarei teu nome, pois és meu Deus. Fazes coisas maravilhosas! Tu as planejaste há muito tempo e agora as realizaste. ISAÍAS 25:1

___/___/___

Posso todas as coisas por meio de Cristo, que me dá forças.
FILIPENSES 4:13

___/___/___

Pois o reino de Deus não consiste apenas em palavras, mas em poder. 1 CORÍNTIOS 4:20

___/___/___

Digam aos de coração temeroso: "Sejam fortes e não temam..."
ISAÍAS 35:4

___/___/___

...Deus é maior que qualquer ser humano. JÓ 33:12

___/___/___

Ninguém pode receber coisa alguma, a menos que lhe seja concedida do céu. JOÃO 3:27

___/___/___

*Mesmo que meu pai e minha mãe me abandonem, o S*ENHOR *me acolherá.* SALMO 27:10

___/___/___

Sejam gratos em todas as circunstâncias, pois essa é a vontade de Deus para vocês em Cristo Jesus. 1 TESSALONICENSES 5:18

___/___/___

Ó Senhor, ninguém além de ti pode ajudar os fracos contra os poderosos! Ajuda-nos, ó Senhor, nosso Deus, pois em ti confiamos.
2 CRÔNICAS 14:11

___/___/___

Eu mesmo cuidarei delas e lhes darei lugar para descansar, diz o Senhor Soberano. EZEQUIEL 34:15

___/___/___

O Senhor, porém, fez a terra com seu poder e a estabeleceu com sua sabedoria. Com seu entendimento, estendeu os céus.
JEREMIAS 10:12

___/___/___

Mas o Senhor será refúgio para seu povo...
JOEL 3:16

___/___/___

Não julguem de acordo com as aparências, mas julguem de maneira justa. JOÃO 7:24

___/___/___

Pois o Poderoso é santo, e fez grandes coisas por mim.
LUCAS 1:49

___/___/___

Ó Senhor, por favor, [...] ouve as orações de teus servos que se agradam em te honrar. NEEMIAS 1:11

___/___/___

[Deus] demonstra misericórdia a todos que o temem, geração após geração. LUCAS 1:50

Não devam nada a ninguém, a não ser o amor de uns pelos outros.
ROMANOS 13:8

___/___/___

Os céus proclamam a glória de Deus; o firmamento demonstra a habilidade de suas mãos. SALMO 19:1

___/___/___

Em minha angústia, orei ao S<small>ENHOR</small>; *o* S<small>ENHOR</small> *me ouviu e me livrou.* SALMO 118:5

___/___/___

Minha graça é tudo de que você precisa. Meu poder opera melhor na fraqueza. 2 CORÍNTIOS 12:9

___/___/___

[Deus] colocou um senso de eternidade no coração humano, mas mesmo assim ninguém é capaz de entender toda a obra de Deus, do começo ao fim. ECLESIASTES 3:11

___ / ___ / ___

Porque vocês, irmãos, foram chamados para viver em liberdade. Não a usem, porém, para satisfazer sua natureza humana.
GÁLATAS 5:13

___/___/___

[Deus] dá forças aos cansados e vigor aos fracos.
ISAÍAS 40:29

___/___/___

Pergunte-me e eu lhe contarei coisas maravilhosas, segredos que você não sabe, a respeito do que está por vir. JEREMIAS 33:3

Aqui no mundo vocês terão aflições, mas animem-se, pois eu venci o mundo. JOÃO 16:33

___/___/___

Observem os pássaros. Eles não plantam nem colhem, nem guardam alimento em celeiros, pois seu Pai celestial os alimenta. Acaso vocês não são muito mais valiosos que os pássaros?
MATEUS 6:26

___/___/___

Por meio da sabedoria, o Senhor *fundou a terra; por meio do entendimento, estabeleceu os céus.* PROVÉRBIOS 3:19

___/___/___

...*todos que são guiados pelo Espírito de Deus são filhos de Deus.*
ROMANOS 8:14

___/___/___

Tenho prazer em fazer tua vontade, meu Deus, pois a tua lei está em meu coração. SALMO 40:8

___/___/___

Como são felizes os que de ti recebem forças, os que decidem percorrer os teus caminhos. SALMO 84:5

___/___/___

Pois, "Quem conhece os pensamentos do Senhor? Quem sabe o suficiente para instruí-lo?". 1 CORÍNTIOS 2:16

___/___/___

Que seu Deus, a quem você serve fielmente, o livre.
DANIEL 6:16

Mantenhamos o olhar firme em Jesus, o líder e aperfeiçoador de nossa fé. HEBREUS 12:2

___/___/___

Pois eu sou o Senhor, *seu Deus, que agita os mares e faz as ondas rugirem; meu nome é* Senhor *dos Exércitos.* ISAÍAS 51:15

___/___/___

O Espírito de Deus me criou, o sopro do Todo-poderoso me dá vida. JÓ 33:4

__/__/__

Eu sou o bom pastor. Conheço minhas ovelhas, e elas me conhecem... JOÃO 10:14

___/___/___

...ninguém pode se tornar meu discípulo sem abrir mão de tudo que possui. LUCAS 14:33

___/___/___

Confie no Senhor *de todo o coração; não dependa de seu próprio entendimento.* PROVÉRBIOS 3:5

___/___/___

Que Deus, a fonte de esperança, os encha inteiramente de alegria e paz, em vista da fé que vocês depositam nele... ROMANOS 15:13

___/___/___

Pois a palavra do Senhor é verdadeira e podemos confiar em tudo que ele faz. SALMO 33:4

___/___/___

Sei, porém, que o SENHOR *defenderá a causa dos aflitos; ele fará justiça aos pobres.* SALMO 140:12

___/___/___

Pois Deus não nos deu um Espírito que produz temor e covardia, mas sim que nos dá poder, amor e autocontrole. 2 TIMÓTEO 1:7

___/___/___

Em vez disso, falaremos a verdade em amor, tornando-nos, em todos os aspectos, cada vez mais parecidos com Cristo, que é a cabeça. EFÉSIOS 4:15

___/___/___

Pois Deus está agindo em vocês, dando-lhes o desejo e o poder de realizarem aquilo que é do agrado dele. FILIPENSES 2:13

___/___/___

Eu sou o Senhor, seu Deus, que lhe ensina o que é bom e o conduz pelo caminho que deve seguir. ISAÍAS 48:17

___/___/___

Eu, o SENHOR, examino o coração e provo os pensamentos. Dou a cada pessoa a devida recompensa, de acordo com suas ações.
JEREMIAS 17:10

__/__/__

Não se preocupem tanto com coisas que se estragam, como a comida... JOÃO 6:27

___/___/___

Felizes os pobres de espírito, pois o reino dos céus lhes pertence.
MATEUS 5:3

___/___/___

O Senhor é bom; é forte refúgio quando vem a aflição. Está perto dos que nele confiam... NAUM 1:7

___/___/___

Sabemos o que é o amor porque Jesus deu sua vida por nós. Portanto, também devemos dar nossa vida por nossos irmãos.
1 JOÃO 3:16

___/___/___

...nada, em toda a criação, jamais poderá nos separar do amor de Deus revelado em Cristo Jesus, nosso Senhor. ROMANOS 8:39

___/___/___

Deus falou claramente, e eu ouvi várias vezes: O poder, ó Deus, pertence a ti... SALMO 62:11

___/___/___

Assim mesmo ele os resgatou, para proteger a honra de seu nome, para mostrar seu grande poder. SALMO 106:8

___/___/___

Deus nos ressuscitará dos mortos por seu poder, assim como ressuscitou o Senhor. 1 CORÍNTIOS 6:14

___/___/___

Aprofundem nele suas raízes e sobre ele edifiquem sua vida. Então sua fé se fortalecerá na verdade que lhes foi ensinada...
COLOSSENSES 2:7

___/___/___

Não amem o dinheiro; estejam satisfeitos com o que têm. Porque Deus disse: "Não o deixarei; jamais o abandonarei". HEBREUS 13:5

__/__/__

Se vocês caminham na escuridão, sem um raio de luz sequer, confiem no SENHOR *e apoiem-se em seu Deus.* ISAÍAS 50:10

__/__/__

...que Deus me pese numa balança justa, pois conhecerá minha integridade. JÓ 31:6

___/___/___

Sejam misericordiosos, assim como seu Pai é misericordioso.
LUCAS 6:36

___/___/___

Vigiem e orem para que não cedam à tentação, pois o espírito está disposto, mas a carne é fraca. MATEUS 26:41

___/___/___

E o Espírito nos ajuda em nossa fraqueza, pois não sabemos orar segundo a vontade de Deus... ROMANOS 8:26

___/___/___

O Senhor é amigo dos que o temem; ele lhes ensina sua aliança.
SALMO 25:14

___/___/___

Ensina-me a fazer tua vontade, pois tu és meu Deus. Que o teu Espírito bondoso me conduza adiante por um caminho reto e seguro. SALMO 143:10

___/___/___

Gritei: "Estou caindo!", mas o teu amor, Senhor, me sustentou.
SALMO 94:18

___/___/___

Lembrem-se: quem lança apenas algumas sementes obtém uma colheita pequena, mas quem semeia com fartura obtém uma colheita farta. 2 CORÍNTIOS 9:6

___/___/___

Sejam fortes no Senhor e em seu grande poder.
EFÉSIOS 6:10

___/___/___

O Senhor Soberano é minha força! Ele torna meus pés firmes como os da corça, para que eu possa andar em lugares altos.
HABACUQUE 3:19

__/__/__

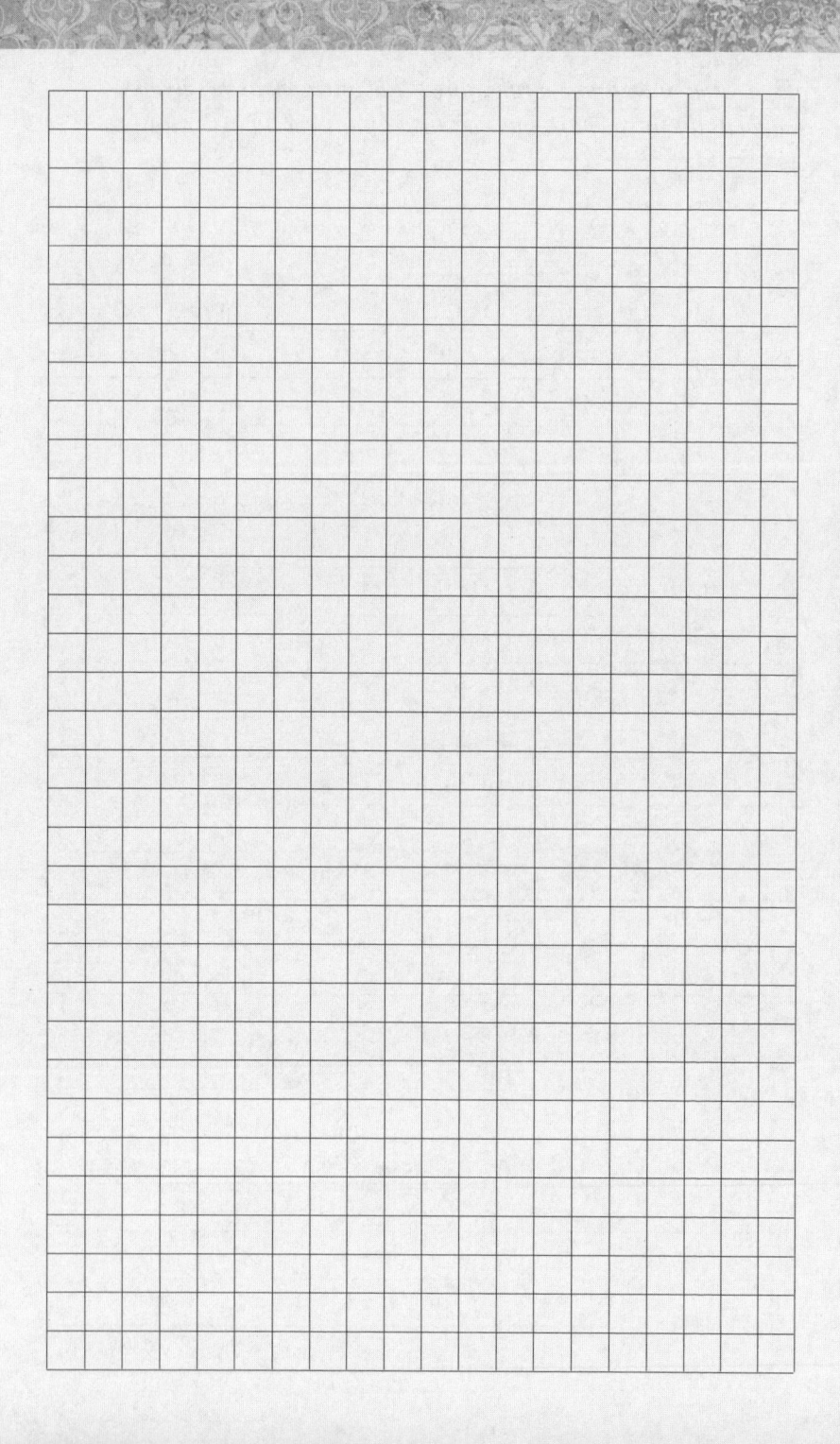

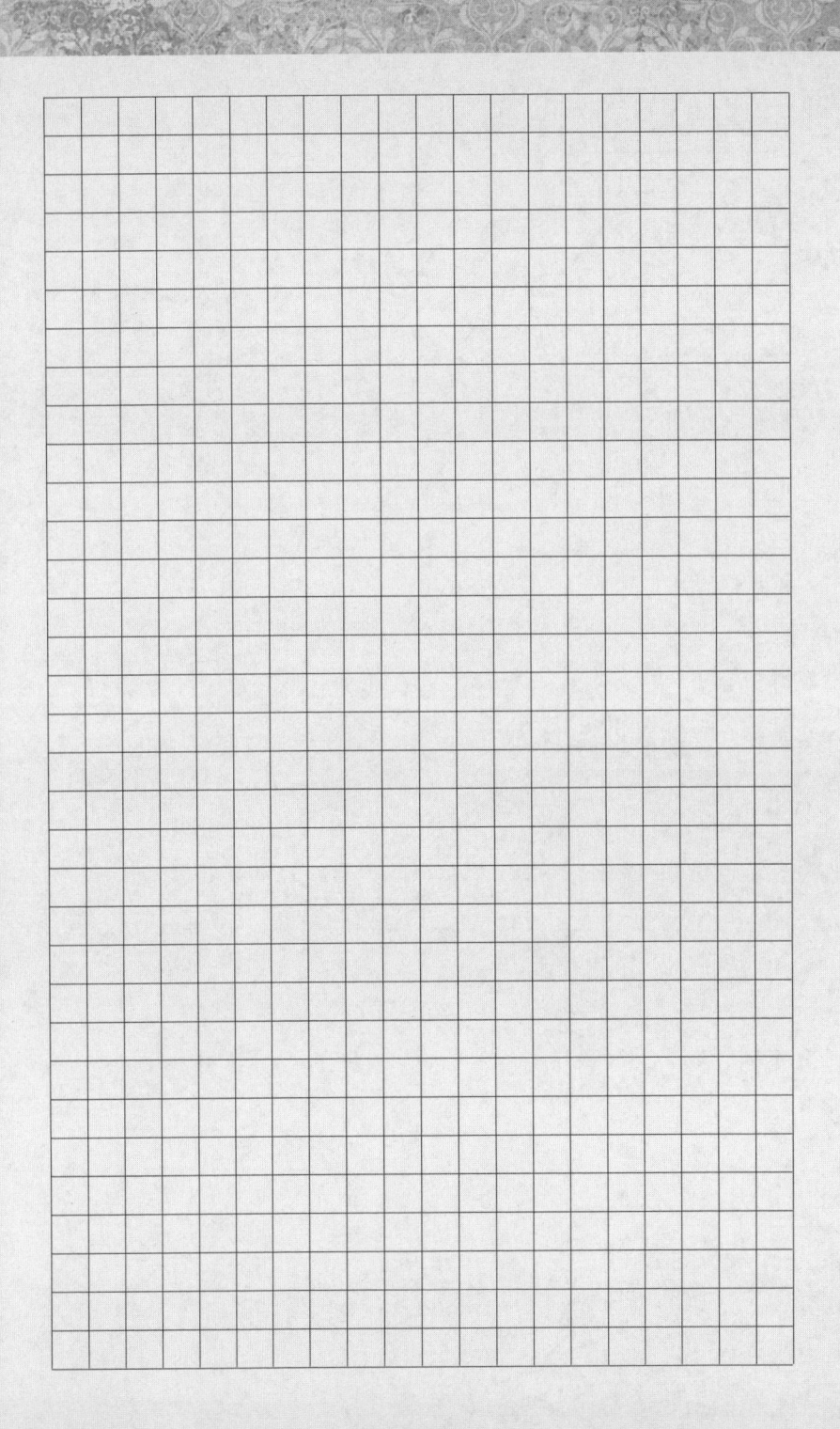

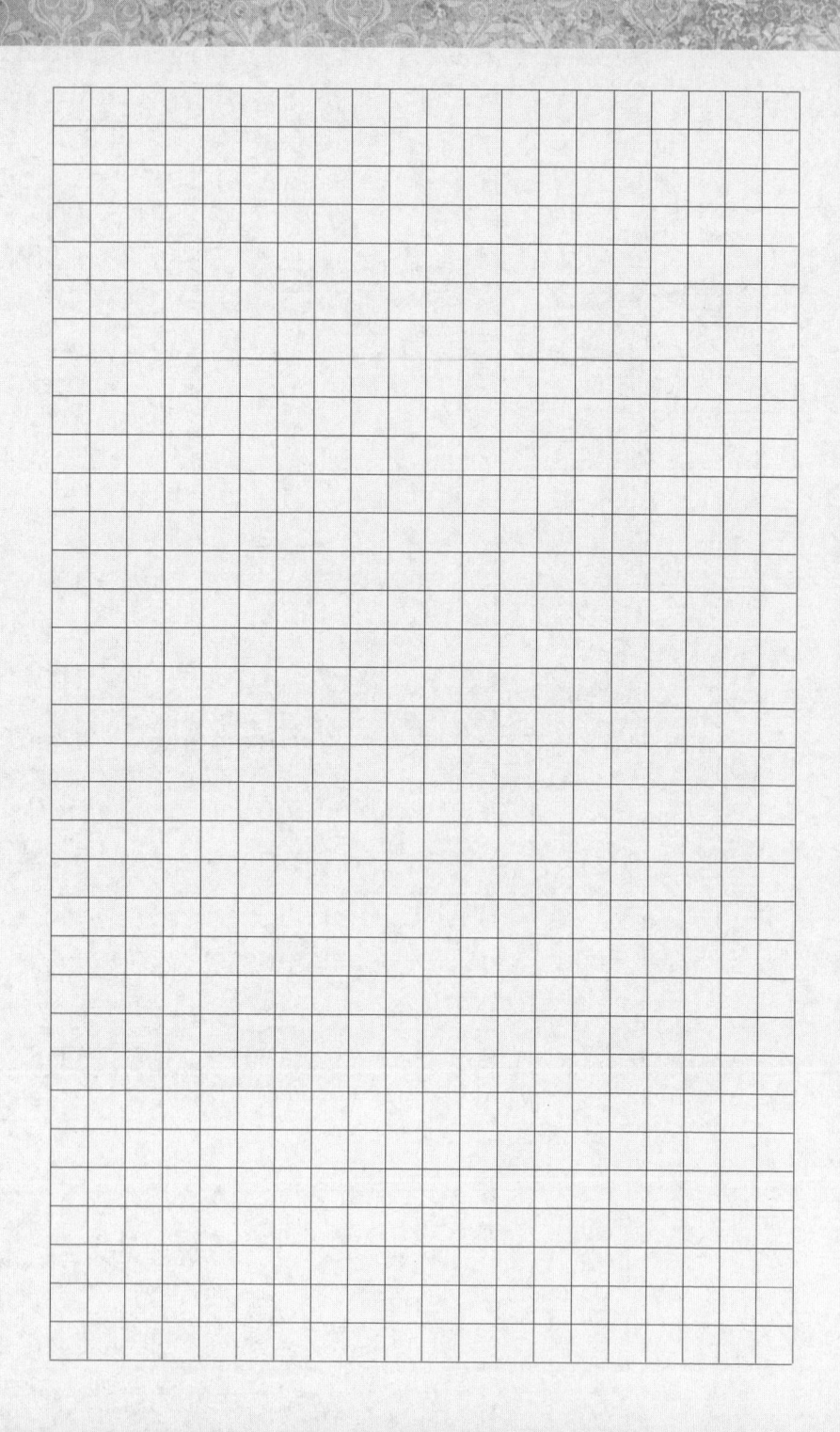

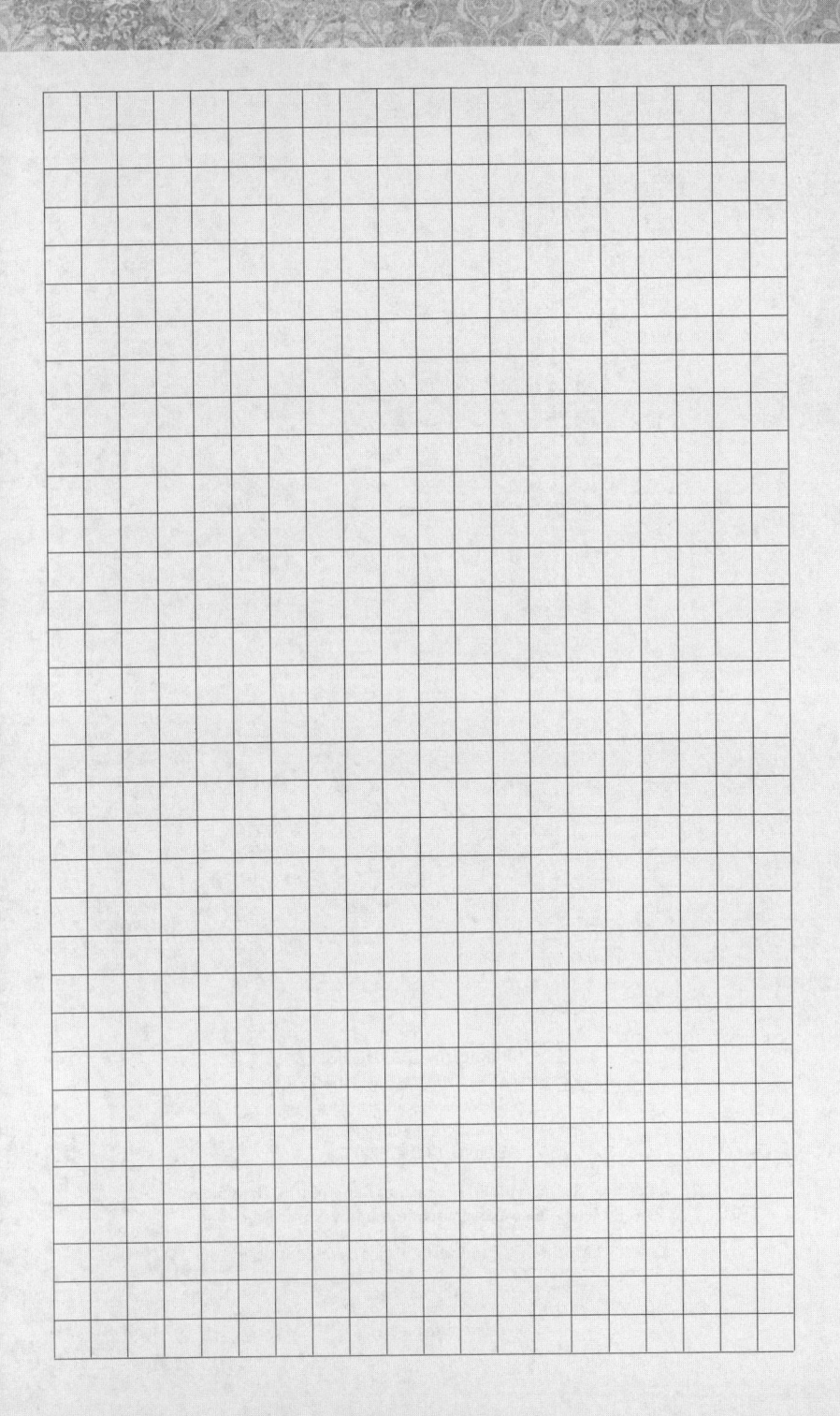

Publicações Pão Diário
Caixa Postal 4190, 82501-970 Curitiba/PR, Brasil
publicacoes@paodiario.org
www.publicacoespaodiario.com.br
Telefone: (41) 3257-4028

Edição e revisão: Adolfo Hickmann, Rita Rosario, Thaís Soler
Projeto gráfico e diagramação: Audrey Novac Ribeiro

© 2022 Ministérios Pão Diário. Todos os direitos reservados

Código: ZA552

Impresso na China